ELOGE FUNEBRE DE M. PERRAULT,

PRONONCÉ

DANS L'ACADÉMIE FRANÇOISE

par Monsieur l'Abbé TALLEMANT, *le* 31. *Janvier* 1704. *à la Reception de Monsieur le Coadjuteur de Strasbourg.*

ESSIEURS,

L'Académie dans son establissement avoit ordonné, par un de ses premiers Statuts, qu'à la mort des Académiciens on feroit leur Eloge & leur Epitaphe, en Prose & en Vers. Cè Reglement ne paroist avoir esté regulierement observé qu'à la mort de M. Bardin, qui fut le premier dont l'Académie pleura la perte. M. Godeau Evesque de Vence fit son Eloge, M. l'Abbé de Cerizy l'Epitaphe en Prose, & M. Chapelain l'Epitaphe en Vers. Il est vray qu'on a suppléé en quelque sorte à un Statut si raisonnable, par la loüable coustume des discours qui se font aux Receptions, où l'on fait tousjours

A

une mention honorable de celuy dont la place a vaqué, & où l'on n'oublie rien de ce qu'il y a eu de plus recommandable dans sa vie. Ce pieux devoir vient d'estre rempli d'une maniere si avantageuse pour M. Perrault, qu'il paroistra sans doute qu'il y a quelque temerité à moy de prétendre adjouster quelque chose à ce que l'on vient de dire avec tant d'éloquence. Mais je croy qu'on pardonnera à ma reconnoissance & à mon amitié le zele qui m'anime, pour vous entretenir encore des bonnes qualitez de l'esprit & du cœur de M. Perrault ; Et si j'ose me flatter que le Ciel m'ayt donné quelque foible talent dans l'art de parler, vous ne me blasmerez pas, MESSIEURS, de l'employer en ce jour pour jetter quelques fleurs sur le tombeau de mon amy,

Virg. 6. Æn. *Purpureos spargam flores, animamque* PERALTI *His saltem accumulem donis, & fungar inani Munere.*

L'amitié qu'il a euë pour moy dez mes plus jeunes années ; les liaisons de societé que nous avons tousjours euës ensemble, mais sur tout les bienfaits qu'il m'a si tendre-

ment & fi genereufement procurez, exigent
de moy tout autre tribut que celuy de la
douleur & des larmes. Permettez-moy,
donc, MESSIEURS, de renouveller ce
premier reglement de l'Académie en faveur
d'un fi illuftre Confrere, & de foulager
mon déplaifir, en rendant au public un
tefmoignage authentique de fa vertu.

Nous avons veu perir de grands perfonna-
ges. Combien avons-nous perdu de ces ef-
prits fublimes, qui fcavent donner le prix
aux grandes actions, & qui immortalifent
les Heros en s'immortalifant eux-mefmes.
Leurs noms celebres gravez dans les faftes
de l'Académie, & dans ceux de la pofterité
demeureront éternellement dans la me-
moire des hommes, & honoreront à jamais
cet illuftre Corps dont ils ont efté l'orne-
ment. Mais je ne crois pas, MESSIEURS,
eftre defavoüé de vous, fi je vous dis que
ceux qui fe font fignalez pour l'avantage de
cette Compagnie doivent encore vous eftre
plus chers que les autres. Ce fameux Car-
dinal qui en a imaginé l'eftabliffement, Richelieu, ce puiffant Genie qui en a fi bien
preveu l'importance & l'utilité, & à qui

vous devez le plaisir que vous goustez tous
les jours dans nos Conferences, & le profit
que vous en tirez, ne sortira jamais de vostre
souvenir. Ces lieux retentissent continuelle-
ment de ses loüanges, loüanges immortelles
données par ceux qui ont l'art de faire ces
belles couronnes,

Malherbe.

> *qui gardent les noms de vieillir.*

Je n'oublieray pas icy ceux qui furent,
pour ainsi dire, les vrays fondateurs de cette
Compagnie, par les soins qu'ils prirent d'y
establir des Reglements judicieux, qui n'ont
jamais varié, par cette aimable égalité qui
en a fait tout le prix, la sublimité du Genie
n'estant sujette ny à rang ny à distinction
humaine; & ne s'agissant icy que d'estre
homme de Lettres, & d'estre distingué par
les talents de l'esprit. Chacun apporte icy
le fonds qu'il a receu de la nature & de ses
estudes, & ceux qui se voyent au dessus des
autres par leur naissance ou par leurs dignitez, se trouvent heureux d'estre associez
aux grands Hommes qui composent cet il-
lustre Corps. Ils trouvent une grandeur
nouvelle à se mesler parmy ceux dont les
noms dureront éternellement, & à s'égaler

à ceux, que le fçavoir, l'Eloquence & la
Poëſie ont mis au deſſus des autres hommes.
Par le maintien de cette égalité, l'Académie
eſt une, par cette égalité elle eſt ſimple, &
par conſequent elle eſt durable; & s'il m'eſt
permis de parler ainſi, elle eſt immortelle.

Suivons-la pas à pas dans ſes glorieux progrés. Elle perdit Richelieu. L'honneur eſ-
clatant dont elle joüit aujourd'huy l'atten-
doit, & dans cette attente elle ne chercha
que chez elle la protection dont elle avoit
beſoin. Seguier Chancelier de France, l'un
desQuarante de l'Académie, en devint lePro-
tecteur. Seguier le pere des Lettres, cet illu-
ſtre Chancelier, qui par ſa protection & par
ſes bienfaits a procuré les plus eſclatantes
dignitez aux ſçavants hommes de ſon ſiecle, luy qui aſſembloit dans ſa propre mai-
ſon les meilleurs Eſcrivains de ſon temps,
prit alors un ſoin particulier de l'Académie:
il aſſiſtoit ſouvent aux Conferences, préſi-
doit aux receptions, & veilla touſjours, à ce
qu'il n'y entraſt que des Sujets dignes d'y
eſtre admis, & d'en ſoûtenir la reputation.

On en vit bien-toſt le ſuccés. Noſtre
puiſſant Monarque prend en une campagne

les plus fortes villes de la Flandre, en dix jours au milieu de l'hyver il dompte la Franche-Comté: Toutes les Compagnies vont feliciter le Conquerant, & l'Academie, comme le Corps de l'Eloquence & du Sçavoir, eſt admiſe aux pieds du Throſne du Vainqueur, & joüit depuis de tous les avantages des premieres Compagnies du Royaume. C'eſt icy, MESSIEURS, que je voy l'Academie ſi brillante, que j'en ſuis preſque ébl-oüy, ſes heureuſes deſtinées avancent, & ſe découvrent tous les jours: Seguier à qui elle doit ſa conſervation ne meurt dans une extrême vieilleſſe que pour luy procurer le plus grand des bienfaits, LOUIS LE GRAND ne dédaigne pas d'occuper ſa place, quel ſucceſſeur pour Seguier! quelle gloire pour l'Academie!

Il n'eſt pas malaiſé de ſe perſuader qu'un pareil honneur améne toutes ſortes de biens. Voilà l'Academie dans l'auguſte Palais de nos Rois. Elle y trouve un appartement magnifique & commode, où l'on fournit avec abondance tout ce qui eſt neceſſaire pour ſes Aſſemblées. La liberalité ingenieuſe du Prince y joint une diſtribu-

tion honorable, qui semble moins instituée
pour inviter & determiner à l'assiduité qui
estoit gratuite depuis tant d'années, que
pour regler le temps & la durée du travail.
On sçait assez que ce n'est que de la main
d'un Roy puissant, bienfaisant & magnifique que peuvent partir tant de biens,
mais auprés des Augustes, il faut des Mécé-
nes, & c'est ce que l'Académie trouva dans
M. Colbert.

Ce Ministre dont l'esprit estoit univer-
sel, & qui sur tout avoit un zele inviolable
pour l'Estat & pour la gloire de son Maistre,
souhaita d'estre de l'Académie; au milieu
des occupations infinies que luy donnoient
la Marine & les Finances, il regarda le soin
des Arts & des Sciences, comme un des
principaux objets de son Ministere, & crut
qu'estant parmy nous, il jugeroit par luy-
mesme du merite de ceux que le Roy vou-
droit gratifier. Il s'engageoit ainsi d'estre
accessible à tous: ce n'estoit pas un Ministre, c'estoit un Confrere, tousjours prest à
escouter & à faire du bien. Le plaisir qu'il
prenoit à voir nos disputes vives sans ai-
greur, & esloignées de toute complaisance

ſans bleſſer la politeſſe, donnoit de l'émula-
tion à tout le monde, faiſoit briller cette
Compagnie, & luy donna un eſclat qu'elle
n'avoit point encore eu.

C'eſt, MESSIEURS, au milieu de tout cet
eſclat que je trouve M. Perrault. Le Miniſtre
luy fait connoiſtre ſon amour pour les Lettres, & pour les beaux Arts, & ſe repoſe ſur
luy de tout ce qui peut ſervir à les porter à ce
haut degré de perfection où nous les voyons
aujourd'huy. Habile en toutes choſes, mais
ſur tout dans l'art de connoiſtre les hommes, il voit dans M. Perrault un fonds de
probité & de juſtice, qui attira toute ſa confiance. Ce fidelle confident ne ſonge plus
qu'à examiner de bonne foy tout ce qui peut
faire fleurir les Arts & les Sciences. Je le
voy dans ſon cabinet perçant les nuits à
dreſſer ces memoires qui formerent en peu
de temps un ſiecle d'or pour tous les illuſtres
en quelque ſcience & en quelque art que ce
puſt eſtre. La fortune & la vertu ſe recon-
cilient, les bienfaits vont chercher ceux,
qui ſans brigue & ſans deſirs, ne s'appliquent
qu'à les meriter : Une grande Scene s'ou-
vre à tout l'Univers. La Peinture & la

Sculpture

Sculpture reprennent leurs anciens & leurs plus grands honneurs : l'Astronomie, la Physique, & les Sciences les plus cachées se cultivent avec succés : l'Eloquence & la Poësie brillent de toutes parts. M. Perrault sans faste, sans jalousie, & sans interest donne le mouvement à tout ; attentif au seul bruit de la Renommée, il produit & met en œuvre tous ceux dont elle luy fait connoistre les rares Talents. Sa capacité naturelle en toute sorte d'Arts luy fait remarquer aisément, & ceux qui excellent, & ceux qui ont ce Genie qui mene à la perfection, & sa droiture pleine d'amour pour la verité, luy donne du zele pour leur fortune sans estre jamais occupé de la sienne. Vous avez veu, MESSIEURS tout ce qu'il a fait pour l'Académie, avec quelle ardeur n'est-il point entré dans le detail de nostre establissement au Louvre : jamais de negative, toutes les graces venoient sans peine, & presque tousjours avant que d'estre desirées. Je vous appelle icy fameux Peintres, celebres Sculpteurs, grands Architectes, Astronomes renommez, illustres Physiciens. M. Perrault ne vous a-t-il pas tousjours encouragés,

aimés & protegés ? l'avez-vous jamais
veu se prévaloir de sa faveur ? ou pluſtoſt
n'a-t-il pas tousjours eſté occupé à élever
voſtre merite, à vanter vos ouvrages & à
en ſolliciter la recompenſe digne de vous,
& de la magnificence du Prince que vous
ſervez. Parmy tant de ſoins pour les autres,
ſongeoit-il à luy-meſme, à ſes illuſtres fre-
res, à ſa propre famille ? non MESSIEURS.
Tous ceux qui environnoient M. Colbert
profitoient de ſa faveur, eſtabliſſoient leur
fortune, M. Perrault penſoit uniquement
à lui plaire, & à luy fournir les moyens
d'avancer le progrés de tous les Arts, afin
de ſatisfaire la paſſion extréme de ce Miniſtre pour la grandeur de ſon maiſtre & pour
la gloire de la Nation.

La mort enleva trop toſt à la France un
homme ſi utile à l'Eſtat, & entraiſna en
meſme temps dans une eſpece de diſgrace,
ſelon la couſtume, tous ceux qu'il avoit le
plus aimés. M. Perrault fut plus ſenſible à la
perte d'un ſi grand perſonnage, qu'à la perte
qu'il fit de la meilleure partie d'une aſſés
petite fortune acquiſe par de longs travaux.
Le voila rendu à ſon loiſir, avec cette joye

& cette tranquillité dont il avoit gousté les
charmes pendant sa jeunesse, & dont il avoit
tousjours regretté la douceur au milieu des
plus grand employs. Sa maison devient seule , il voit l'ingratitude de plusieurs faux
amis , la grandeur du poste qu'il avoit occupé lui suscite toute sorte de traverses ;
sa vertu le met dans une pleine securité, &
son Cabinet le console de tout. Que vous
connoissez bien MESSIEURS, le charme
& le pouvoir d'une pareille consolation ,
combien vois-je autour de moy de ces Illustres Solitaires épris de l'amour de l'estude,
& uniquement occupés de leurs livres ou
de cette noble ardeur de composer suivant
le talent qu'ils ont receu du Ciel ! Combien
en compterois-je icy qui aprés avoir esté
employés dans les plus importantes nego-
ciations , aprés avoir eu toute la confiance
des premieres personnes de l'Estat, ou enfin
aprés avoir heureusement travaillé à l'ins-
truction des premiers Princes du monde ,
sont revenus avec joye parmy nous, & ont
beni le moment qui les a entierement ren-
dus à eux-mesmes, & au plaisir de joüir de
leur temps & de leurs estudes. M. Perrault

B ij

retrouve les Mufes autour de luy. Elles ne
l'avoient pas tousjours abandonné, & le
Poëme ingenieux de la Peinture eftoit le
fruit de quelques moments dérobés à des
occupations bien incompatibles avec la
Poëfie. Mais deformais toute fa vie n'eft
qu'un loifir & vous en avez veu l'employ.

Vous vous fouvenez fans doute M e s-
s i e u r s , du prodigieux applaudiffement
que le public donna à fon Poëme, où il
élevoit le fiecle de fon Prince au deffus de
tous les fiecles les plus fameux de l'Anti-
quité. Ce fut la fource d'une difpute ce-
lebre qui a efté fouftenuë avec une vivacité
& avec éloquence de part & d'autre, & qui
a fini avec une politeffe digne de deux fi Illu-
ftres Académiciens. Dans ces fortes de dif-
putes il eft ordinaire de pouffer tousjours
fon opinion un peu au delà du vray, peut-
eftre M. Perrault a t-il porté trop loin l'a-
mour de la Patrie, & qu'il ne s'apercevoit
affés que ce beau genie, qui le faifoit efcrire
avec tant d'agrément, avoit efté cultivé dés
fa jeuneffe par les ouvrages de ces grands
hommes aufquels il comparoit nos Mo-
dernes : peut-eftre auffi que fon illuftre

adverſaire ne s'eſtimoit aſſés luy-meſme, &
qu'il ne s'apercevoit pas autant qu'il devoit,
que ſon propre genie luy avoit fait égaler
& ſurpaſſer meſme ceux à qui il vouloit dé-
ferer toute la beauté de ſes ouvrages ; l'un
plein d'amour pour un Prince dont le regne
eſt ſi fecond en merveilles, n'a rien voulu voir
qui y puſt eſtre comparé : l'autre a voulu ſi-
gnaler ſa reconnoiſſance pour ſes premiers
maiſtres, dans les ouvrages deſquels il a puiſé
ces beautés immortelles qui ont enchanté
l'univers. Parmi la chaleur de cette diſpu-
te, l'eſtime reciproque n'a fait qu'augmenter
entre eux. Les Homeres, & les Demoſthe-
nes, ces premiers hommes dont nous ne
pouvons trop eſtudier le gouſt, & qui ſeront
touſjours les modelles du bon & du beau,
ſont demeurés dans tous leurs privileges ;
mais nos Poëtes & nos Orateurs paroiſſent
avec honneur à leurs coſtés : ſi nous ſommes
inferieurs par quelques endroits, nous ſommes ſuperieurs en beaucoup d'autres, & il
eſt touſjours vray que le Siecle de Louis le
Grand ſurpaſſe tous les ſiecles de l'Anti-
quité. Je laiſſe les comparaiſons qui ſont
ſouvent injuſtes, & ſont touſjours odieuſes.

B iij

Mais sans exagerer , quelle autre Nation
nous fournit aujourd'huy les hommes ex-
cellents en toute sorte de litterature & en
toute sorte d'Arts , n'est-ce pas en France
que l'on les trouve , & n'est-ce pas la France qui en peuple les autres Estats. D'où
vient cette Ligue generale de tant de Princes contre nous , si ce n'est de la jalousie
qu'ils ont de tous nos avantages. Point
d'autre sujet de guerre que nos prosperités.
La France est trop puissante , elle est iné-
puisable en soldats , en richesses : le bon or-
dre , la concorde & la valeur y regnent sou-
verainement : le moyen que l'envie la puisse
souffrir ? Que vous estes abusés , injustes
ennemis de mon Roy ! la crainte vous met
les armes à la main, que pouvez-vous craindre d'un Roy juste qui vous a donné tant
de preuves de sa moderation. Accoustumés
à voir dans vostre parti des Princes qui
se couronnent sans titre, qui dethrosnent les
legitimes Rois , qui cherchent par toutes
sortes de voyes à s'emparer des Royaumes
où ils n'ont d'autre droit que leur injuste
ambition , vous croyez sans doute que cette
ambition d'envahir des Estats est naturelle

à tous les Rois, & que leur pouvoir est la
seule regle de leurs desirs. Que vostre crainte est vaine & mal fondée! Loüis n'a d'autre regle que la raison dans tous ses projets,
ses soldats que l'exacte discipline, & l'e-
xemple ont rendu si braves, ne sont armés
que pour une juste cause, tous vos efforts
ne vaincront point des trouppes invinci-
bles. Nostre puissant Monarque armé de jus-
tice, & de pieté, & secondé de la valeur de
ses sujets, ne perdra jamais rien des Estats
que la Providence luy a confiés, mais pou-
vant tout aussi, il ne voudra jamais que ce
qui luy appartient, legitimement. Desja de
tous costés, la Victoire... mais je m'esloigne
insensiblement de mon sujet & je me laisse
charmer par une matiere qui est au dessus de
mes forces. Je n'ay voulu toutefois qu'a-
puyer en passant les idées de M. Perrault
sur la grandeur du siecle où nous vivons.

Il ne me reste plus qu'à vous remettre
devant les yeux en peu de mots toutes les
bonnes qualités d'un si aimable Confrere.
Le nombre & la diversité de ses Poësies font
connoistre la vivacité de son imagination,
& la facilité qu'il avoit à composer; & rien

ne marque mieux cette heureuse facilité que
le Poëme à M. de la Quintinie, Ouvrage
digne d'estre associé aux Georgiques du
Prince des Poëtes Latins.

La fertilité de son Genie luy faisoit con-
tinuellement produire mille nouveautez
ingenieuses qui servoient à égayer nos
Assemblées publiques, & aujourd'huy
mesme il semble que ces lieux demandent
encore de luy quelque chose pour finir
agreablement, une journée qui fait tant
d'honneur à cette Compagnie

Virg. Ecl. 1.

Ipsa te, Tytire, pinus
Ipsi te fontes, ipsa hæc arbusta vocabant.

Mais nous l'avons perdu, MESSIEURS,
regrettons en luy le veritable modelle d'un
honneste homme, car la beauté de son esprit n'estoit pas encore ce qu'il avoit de
plus recommandable. C'estoit un homme
vray en toutes choses, d'une candeur ad-
mirable dans ses mœurs, & d'un attache-
ment inviolable à la Religion & à tous ses
devoirs. Incapable de jalousie ny de haine,
plein de zele & de tendresse pour ses amis,
desinteressé jusqu'à éviter mesme les gains

les

les plus innocents, tousjours esgal dans
l'humeur, tousjours brillant, tousjours aimable dans la societé. Voilà, MESSIEURS,
quel estoit le Confrere que nous avons perdu, & je ne crains pas qu'on me reproche
que l'amitié m'ayt fait exagerer en quelque chose. Je dois plustost craindre, que
vous n'ayez à me reprocher d'avoir mal
respondu à vostre attente & à celle du Public. Aussi sçay-je bien que c'est à vous
à travailler sur mon esbauche, & à la per-
fectionner.

Et en attendant les Eloges que vous luy
préparez, permettez-moy pour accomplir
le Reglement que j'ay renouvellé aujour-
d'huy, de joindre icy son Epitaphe.

Cy gist PERRAULT, *qui plein d'un beau*
  Genie,
Eut dans tous ses Escrits une grace infinie,
Droit & simple en ses mœurs, il chercha le vray
  bien,
Et sçut unir en luy, dez sa tendre jeunesse,
  Le bel esprit, & la sagesse,
  Et l'honneste homme, & le Chrestien.

FIN.

C

de nos anciennes Lettres cy-devant accordées à feu PIERRE LE PETIT en ladite qualité d'Imprimeur de ladite Académie le 29. Septembre 1675. aufquelles nous dérogeons par ces Prefentes, nonobftant le Reglement du 27. Février 1665. ni d'en vendre d'impreffion étrangere & autrement fans le confentement dudit Expofant, on de ceux qui auront droit de luy, fur peine de confifcation des Exemplaires contrefaits, deux mille livres d'amende, dépens, dommages & interefts, à la charge de mettre deux Exemplaires de chacun d'iceux en noftre Bibliotheque publique, un en celle de noftre Cabinet du Chafteau du Louvre, & un en celle de noftre tres-cher & feal Chevalier Commandeur de nos Ordres le Sieur BOUCHERAT, Chancelier de France, à peine de nullité des Prefentes, du contenu defquelles vous mandons & enjoignons faire jouïr l'Expofant & fes ayant caufe, pleinement & paifiblement, ceffant & faifant ceffer tous troubles & empêchements à ce contraires. Voulons qu'en mettant au commencement ou à la fin defdits Livres l'Extrait des Prefentes, elles foient tenuës pour deuëment fignifiées, & qu'aux copies collationnées par l'un de nos amez & feaux Confeillers Secretaires foy foit ajouftée comme à l'Original. Mandons au premier noftre Huiffier ou Sergent fur ce requis, faire pour l'execution des Prefentes tous Exploits, faifies, deffenfes, & autres actes neceffaires, fans demander autre permiffion : Car tel eft noftre plaifir. DONNE' à Verfailles le deuxiéme jour de Juillet l'an de grace 1693. & de noftre Regne le cinquante & un. Par le Roy en fon Confeil, BOUCHER.

Regiftré fur le Livre de la Communauté des Imprimeurs & Libraires de Paris, fuivant l'Edit de 1686. le fixiéme jour de Juillet 1693. Signé, P. AUBOUYN, Syndic.

De l'Imprimerie de JEAN BAPTISTE COIGNARD,
Imprimeur ordinaire du Roy, & de l'Académie
Françoise, ruë S. Jacques, à la Bible d'or.

M. DCC IV.

9 782014 445336